CATALOGUE

DE

DESSINS, ESTAMPES

ET LIVRES A FIGURES

PRINCIPALEMENT DU XVIIIe SIÈCLE

DONT LA VENTE AURA LIEU

Le Mardi 10 Décembre 1879, à 2 heures précises

Hôtel des Commissaires-Priseurs, rue Drouot, 9

AU PREMIER, SALLE N° 4

Par le ministère de Me MAURICE DELESTRE, commissaire-priseur,
Successeur de M. DELBERGUE-CORMONT
Rue Drouot, 27.

EXPOSITION PUBLIQUE DE 1 A 2 HEURES

PARIS

CLÉMENT	ADOLPHE LABITTE
MARCHAND-D'ESTAMPES	LIBRAIRE
DE LA BIBLIOTHÈQUE NATIONALE	DE LA BIBLIOTHÈQUE NATIONALE
Rue des Saints-Pères, 3	Rue de Lille, 4

1879

CATALOGUE

DE

DESSINS, ESTAMPES

ET LIVRES A FIGURES

PRINCIPALEMENT DU XVIII° SIÈCLE

DONT LA VENTE AURA LIEU

Le Mardi 10 Décembre 1879, à 2 heures précises

Hôtel des Commissaires-Priseurs, rue Drouot, 9

AU PREMIER, SALLE N° 4

Par le ministère de M° MAURICE DELESTRE, commissaire-priseur,
Successeur de M. DELBERGUE-CORMONT
Rue Drouot, 27.

EXPOSITION PUBLIQUE DE 1 A 2 HEURES

PARIS

CLÉMENT	ADOLPHE LABITTE
MARCHAND D'ESTAMPES	LIBRAIRE
DE LA BIBLIOTHÈQUE NATIONALE	DE LA BIBLIOTHÈQUE NATIONALE
Rue des Saints-Pères, 3	**Rue de Lille, 4**

1879

CONDITIONS DE LA VENTE

La vente se fait au comptant.

Les acquéreurs paieront cinq pour cent en sus des enchères applicables aux frais.

CATALOGUE

DE

DESSINS, ESTAMPES

ET LIVRES A FIGURES

PRINCIPALEMENT DU XVIIIe SIÈCLE

DESSINS

1. **ANONYME.** Vue d'Égypte. Sur le devant, un artiste dessinant, entouré de différents personnages européens et arabes.

A la plume et aquarelle.

2. **BOUCHER (F.) (?).** Étude de femme nue.

Aux trois crayons.

3. **CARESME.** Apollon et les Saisons.

Beau dessin à la plume et lavis de bistre.

4. **CHAILLOU.** Suite de 4 dessins in-8, pour *Walter de Montbary, grand maître des Templiers*, roman en 4 vol.

Au lavis d'encre de Chine, signés et accompagnés des gravures.

5. — Suite de 5 dessins in-12, pour les œuvres de Mme de Souza.

Au lavis d'encre de Chine, rehaussés de blanc.

6. **CHAPLIN (Ch.).** Diane au bain.

A la sanguine. Signé. Encadré.

7. CHASSELAT et MARTINET. Compositions religieu-
ses, sujets militaires, portraits, etc.

15 dessins au lavis de bistre, pouvant servir pour illustrations.

8. COCHIN (C.-N.). Allégorie pour le roi. — Allégorie pour la reine.

2 dessins au crayon noir. Première pensée pour les compositions gravées d'après Cochin par de Longueil, représentant Louis XVI et Marie-An-
toinette au milieu de figures allégoriques et publiées lors de leur avènement
au trône.

9. COLIN (A). Suite de 4 dessins in-fol. en largeur,
sujets tirés des *Incas*, de Marmontel.

Au lavis de bistre, rehaussés de blanc. Sous verre.

10. DESRAIS. Le Repas de Gargantua.

Beau dessin à la plume et encre de Chine, rehaussé de blanc.

11. DUNKER (P.). Jeune Dame délivrée de prison
par un jeune chevalier.

A l'aquarelle. Signé.

12. — Départ pour la Chasse. — Hallali du Cerf.
2 dessins faisant pendant.

A la plume, rehaussés de blanc. Encadrés.

13. — Cul-de-lampe pour fin de page d'un livre.
Joli dessin à l'encre de Chine.

14. — Jeune Femme en buste, d'après P. de Cor-
tone.

A la sanguine.

15. DUVIVIER, LEROY et COLIN. Compositions diverses pour illustrations de livres.

30 dessins au lavis de bistre, rehaussés de blanc.

16. ÉCOLE FRANÇAISE, XVIIIe SIÈCLE. Jeune fille montée sur un âne.

A l'aquarelle. Cadre ovale.

17. — Henri IV et Sully chez Gabrielle d'Estrées.
Au lavis de bistre, rehaussé de blanc.

18. — Louis XIV recevant un ambassadeur.
Dessin au crayon, à la plume et au lavis de bistre.

19. FRAGONARD (H.). Place d'un marché.

Au bistre, rehaussé de blanc.

20. FREUDEBERG (S.). Croquis divers.

8 dessins au crayon noir et lavis d'encre de Chine.

21. GRAVELOT (H.). Composition in-4, pour la *Jérusalem délivrée*, du Tasse.

Beau dessin à la plume et lavis de bistre. Signé. Encadré.

22. Dessin pour illustration des *Victoires et conquêtes du Mexique*. In-4.

Au lavis de bistre. Encadré.

23. GREUZE (J.-B.). Étude d'une tête de femme.

A la sanguine.

24. GRIM. Sujets militaires.

4 dessins à l'encre de Chine et aquarelle.

25. HUET (J.-B.). Berger et Bergère au repos.

Joli dessin en forme de frise, à la plume et lavis de sépia. Signé et daté : 1776.

26. LEBARBIER. 19 dessins in-4, pour les œuvres de Gessner.

Beaux dessins au lavis d'encre de Chine et de bistre.

27. LEMERCIER, COLIN et LEROY. Sujets religieux, militaires, etc., pour illustration de livres.

27 dessins au lavis de bistre, rehaussés de blanc.

28. MONNET (C.) Dessin in-8, pour illustration.

Au lavis d'encre de Chine. Signé. Encadré.

29. MOREAU (J.-M.). L'Ivresse de Bacchus. La Danse des Muses.

2 dessins de forme ronde. A la plume et lavis de bistre. Signés et datés: J.-M. Moreau, 1767. Encadrés.

30. — Duel dans un salon.

Joli dessin au lavis d'encre de Chine. Encadré.

31. — Promenade au musée de la Tour de Londres.

Joli dessin au lavis d'encre de Chine.

32. MOUCHERON. Entrée d'un parc.

Joli dessin à la plume et lavis d'encre de Chine.

33. PARMESAN (F. MAZZUOLI, dit le). Zachaée montée sur le sycomore pour voir passer Jésus-Christ.

Beau dessin au bistre, rehaussé de blanc. Collections Brochant, Damier et Basan.

34. QUEVERDO. Scènes d'intérieur.

2 jolis dessins in-18. A la plume et lavis. Encadrés.

35. ROBS, ALBRIER, etc. Dessins pour illustration.

Au bistre et encre de Chine. 8 pièces.

36. SALY. Vases.

6 dessins au lavis de bistre, rehaussés de blanc.

37. TAUREL (Aug.). Paysages.

4 dessins à l'aquarelle.

38. WATTEAU DE LILLE. Croquis militaires.

7 dessins à la sanguine.

39. WILL (J.-G.). Portrait d'un jeune garçon.

Aux crayons rouge et blanc.

ESTAMPES

—

40. ADAM (V.). Portraits de chevaux anglais. Suite
de 12 grandes lithographies reliées en 1 vol. in-
fol. cart.

41. ANONYME. Cadres ornementés de feuillages et de
fleurs.

2 pièces de forme ovale. Rares.

42. — Damiens (Robert-François). In-8, sans nom
d'auteur.

Belle épreuve, avec marges.

43. AUBRY (E.) (d'après). Le Mariage rompu, gravé
par de Launay.

Bonne épreuve.

44. BASAN. Recueil d'Estampes gravées d'après les
tableaux du cabinet de monseigneur le duc de
Choiseul, par les soins du sieur Basan.

93 pièces et le texte.

45. BAUDOIN (P.-A.) (d'après). Le Confessionnal.—
Le Catéchisme. 2 pièces in-fol. en largeur, faisant pendant, gravées par Moitte.

Très belles épreuves, grandes marges.

46. — L'Épouse indiscrète, par N. de Launay.

Très belle épreuve, grandes marges.

47. — Les Amants surpris. — Les Amours cham-
pêtres. 2 pièces faisant pendant, gravées par
P.-P. Choffard.

Belles épreuves collées sur châssis.

48. BIDERMAN (J.). Les Offres de la villageoise.

En couleur. Belle épreuve, encadrée.

49. Binet (d'après). Vignettes pour les œuvres de
Rétif de la Bretonne.

238 pièces, dont 30 avant la lettre.

50. Bonnet. La Jarretière, en couleur.

Très belle épreuve, grandes marges.

51. Boucher (F.) (d'après). Les Amants surpris,
gravé à la sanguine par Demarteau, in-fol.

Très belle épreuve, avec marges.

52. Bradel (B.). Eon de Beaumont (Ch.-G.-L.-A.-
A.-T. d'). In-fol.

Belle épreuve, avec marges.

53. Chaillou (d'après). Suite de 14 vignettes in-18,
gravées par Lorieux pour illustrer les *Aventures
du chevalier de Faublas,* plus 2 vignettes des
mêmes auteurs, pour un autre ouvrage. 16 pièces
non rognées.

54. Challe (d'après). Les Appas multipliés, gravé
par Dennel.

Très belle épreuve, avec marges.

55. Chodowiecki. Portrait de femme, en buste, dans
une bordure ovale posée sur un socle.

Très belle épreuve avant toutes lettres. Rare.

— Vignettes diverses. 4 pièces.

56. — 16 vignettes in-8, pour différents ouvrages.

57. Cochin (C.-N.) (d'après). En-têtes de pages pour
des oraisons funèbres, gravés par Prevost, tirés
hors texte.

Très belles épreuves.

58. — Vignettes in-8 pour l'*Émile,* de Rousseau,
6 pièces.

Belles épreuves, marges.

— La même suite. Même état.

59. — Suite de 7 gravures in-8, pour *Lucrèce*, édition italienne.

Très belles épreuves avant la lettre, toutes marges.

— La même suite.

Avant la lettre, même condition.

60. COYPEL (N.-N.) (d'après). L'Alliance de Bacchus et de Vénus, gravée par Le Bas.

Belle épreuve.

61. DEBUCOURT (P.-L.). La Promenade publique, 1792.

Pièce capitale du maître. En couleur. Très belle épreuve.

62. — La Belle Frascatane, — Mlle Van Maelder, — Adèle la Vénitienne. 3 pièces d'après Raphaël, Van Dych et Tintoret.

Belles épreuves, avec marges.

63. DELAFOSSE (J.-Ch.). Cahier de poêles, piédestaux, athéniennes et frises II, 4 pièces. — Cahier de vases, fontaines et tombeaux LL, 6 pièces. En tout 10 feuilles.

64. DE MACHY (d'après). Vue du port Saint-Paul, prise au bas du parapet, gravée en couleur par Descourtis. En couleur.

Très belle épreuve.

— Vue de la porte Saint-Bernard, prise venant de l'Hôpital, gravée par Descourtis. En couleur.

Très belle épreuve.

65. — Première vue de Paris, prise du pont Royal, gravée en couleur par Janinet.

Très belle épreuve.

66. DESENNE et DEVÉRIA. Vignettes pour les *Lettres d'une Péruvienne* et Portrait de Mme de Graffigny, 29 pièces.

Avant la lettre, à l'eau-forte et avec la lettre.

67. DESFONTAINES (d'après). Compositions en cou-

leur, sur l'histoire de France, gravées par Moret.

Épreuves avec marges.

68. DESRAIS et MIXELLE. Costumes civils actuels de tous les peuples connus, dessinés d'après nature, gravés et coloriés. *Paris*, 1788, 298 pièces.

69. DEVÉRIA. Suite de 10 gravures in-8 pour les *Mille et un Jours*.

Épreuves avant la lettre, sur chine. A cette suite sont ajoutées les eaux-fortes des 10 pièces et les épreuves avec la lettre, plus 3 autres pièces, aussi de Devéria, pour une autre édition.

— La même suite.

Épreuves à l'état d'eau-forte et defets avec la lettre. 32 pièces.

70. — Suite de 6 gravures in-8, pour les *Lettres à Emilie*, de Millevoie.

Épreuves avant la lettre, sur chine.

71. — 6 gravures in-18, dont un fleuron de titre, pour les œuvres de Legouvé.

Épreuves avant la lettre, sur chine.

72. DEVÉRIA et DESENNE (d'après). Suite complète de 7 gravures in-8 pour les œuvres de Legouvé, publiées par Janet, 1826.

Très rares épreuves à l'état d'eaux-fortes, sur chine.

73. DIVERS. Vues de Paris, de villes et châteaux de France.

104 pièces avant la lettre. Pouvant rentrer, comme illustrations, dans des livres de format in-8.

74. — Vignettes d'après Desenne, Devéria, Colin, etc., pour différents ouvrages. 68 pièces.

La plupart avant la lettre et plusieurs à l'eau-forte.

75. — Vignettes in-8 pour les *Tableaux de Paris*. 92 pièces.

76. EISEN (d'après). Les Désirs satisfaits, par Patas.

77. — 4 vignettes in-8 pour Zélie au bain.

Belles épreuves.

78. FRAGONARD (H.) (d'après). Suite de 20 gravures in-4, par différents graveurs, pour illustrer les *Contes de La Fontaine*, édition in-4 de Didot, 1795.

Très belles épreuves, avec marges.

79. FREUDEBERG. Départ du Soldat suisse, Retour du Soldat suisse dans le pays. 2 pièces en couleur, faisant pendant.

Belles épreuves, encadrées.

80. — La Propreté villageoise, les Chanteuses du mois de mai. 2 pièces en couleur.

Belles épreuves, encadrées.

81. — Vignettes in-8 pour l'*Heptaméron français*, 12 pièces.

En partie avant les numéros.

82. FREUDEBERG et LEPRINCE (d'après). La Gaieté conjugale, le Bonheur du ménage. 2 pièces gravées par Delaunay.

Bonnes épreuves.

83. GRAVELOT (d'après). Suite de 35 gravures in-8, par divers graveurs, pour les œuvres de Corneille, édition in-4, de 1774.

Très belles épreuves, avec encadrement varié pour chaque estampe. Marges.

84. — 4 gravures in-8, pour *Bélisaire*, de Marmontel.

Belles épreuves, avec marges.

85. GREUZE (J.-B.) (d'après). Le Repentir, gravé par Moitte.

Très belle épreuve.

86. HÉDOUIN. Suite complète de 6 gravures in-8, gravées à l'eau-forte, pour le *Voyage autour de ma chambre*, de Xavier de Maistre.

Belles épreuves avant la lettre.

87. HOGARTH (d'après). Le Mariage à la mode, suite
de 6 estampes.

Bonnes épreuves.

88. HUBERT. Honni soit qui mal y pense. In-fol.

Belle épreuve.

89. JANINET (F.). Vues des principaux monuments
de Paris, d'après Durand. 18 pièces en couleur,
de forme ronde, encadrées.

90. — Vues des monuments de Paris, d'après Durand. 18 pièces in-fol., de formes ovales et car-
rées, en couleur et encadrées.

91. LEBARBIER (d'après). Suite de 6 gravures in-8
pour les *Lettres d'une Péruvienne*, par Mme de
Graffigny; édition italienne publiée en 1797.

Très belles épreuves avant la lettre.

92. LEPRINCE (X.). Les Sens, suite de 5 estampes
gravées au bistre.

Très belles épreuves. Marges.

93. LOUTHERBOURG (P.-G.). Seconde suite de figures
dessinées et gravées par P.-J. Loutherbourg,
peintre du roi. 6 pièces.

Très belles épreuves, grandes marges.

94. MARILLIER (d'après). *De La Borde* (J.-B.), gou-
verneur du Louvre, auteur des Chansons; *La
Tour-Chatillon-zur-Lauben* (B.-F.-Ant. baron de),
2 portraits in-8.

Belles épreuves, mais remontées.

95. Vignettes in-8 pour les *Voyages imaginaires*.
107 pièces.

96. MONNET (d'après). Le Roi d'Éthiopie abusant
de son pouvoir, gravé par Vidal.

Épreuve avec marges.

97. Suite de 7 vignettes in-8, par différents gra-

veurs, et un titre ornementé, avec le portrait de Corneille, pour le *Temple de Gnide*.

98. MONNET, MARILLIER, QUEVERDO et LEBARBIER (d'après). Suite de 42 gravures in-8, par divers graveurs, pour les œuvres de Florian.

Belles épreuves.

99. MONNET et MOREAU (d'après). Vignettes in-8 pour les *Contes* de Voltaire, édition Bouillon. 25 pièces.

100. MOREAU (J.-M.) (d'après). Memnon, ou l'Écueil du sage, gravé par Vidal.

Belle épreuve, avec marges.

101. — Constitution de l'Assemblée nationale et Serment des députés qui la composent, à Ver- sailles, le 17 juin 1789.

Épreuve du premier état, avec les noms des députés dans la marge du bas.

102. — Suite de vignettes in-8, pour les œuvres de La Fontaine, édition de 1814.

Très belles épreuves avant la lettre, plus le portrait, également avant la lettre, et une épreuve double avec le nom sur la tablette blanche. Quelques pièces sont remontées ou inégales comme marges. Manque 3 gravures pour que la suite soit complète. 25 pièces.

— 5 pièces de la même suite.

Très rares épreuves, à l'état d'eaux-fortes, plus le portrait, avec la ta- blette blanche.

103. — Suite de vignettes in-8 et 1 portrait pour les œuvres de Molière, édition de Bret. 33 pièces.

Très belles épreuves. Manque une pièce pour que la suite soit complète.

104. — 7 vignettes in-8 pour les œuvres de Re- gnard, publiées par Crapelet en 1822, plus le portrait de Regnard, gravé par Tardieu d'après Rigaud.

Premières épreuves, avec le titre en lettres grises.

105. — Suite de 4 gravures in-8 pour les œuvres de Hamilton, publiées par Renouard.

Belles épreuves, avec marges.

106. — Suite de vignettes in-8 pour les *Lettres à Emilie sur la mythologie,* de Demoustier.

Très belles épreuves avant la lettre. 30 pièces et le portrait avec la lettre. Manque 6 pièces pour que la suite soit complète.

107. — Vignettes in-4 pour illustrer les œuvres de Rousseau, édition de 1774. 8 pièces.

108. — Vignettes pour les œuvres de Marmontel, La Fontaine, Voltaire, etc., 21 pièces.

Beaucoup sont avant la lettre.

109. Moreau, Cochin et Marillier. Vignettes in-4 pour les *Mois,* de Roucher. 5 pièces.

110. Pineau. Nouveaux dessins de lambris inventés par le sieur Pineau, architecte.

Belles épreuves, avec marge. 7 pièces.

111. Prud'hon (d'après). Innocence et Amour, gravé par Villerey.

Très belle épreuve avant toutes lettres, seulement les noms d'auteur tracés à la pointe.

112. Taunay (d'après). Noce de village, par Descourtis. Réduction in-8.

Belle épreuve, avec marge.

113. Veil. 6 paysages dessinés et gravés par Veil.

Belles épreuves. Le premier est mal conservé.

114. Watteau (Ant.). Figures de modes dessinées et gravées à l'eau-forte par Watteau et terminées par Thomassin. Suite de 17 pièces et 1 titre. (R. D. 1-7.)

Très belles épreuves du troisième état. Grandes marges.

115. Watteau (d'après). Figures françaises et co-

miques, nouvellement inventées par M. Watteau. 10 pièces et 1 titre, par divers graveurs.

Très belles épreuves. Grandes marges. *M. Lesouef.*

116. WILLE (J.-G.). Massé (J.-B.), peintre, d'après L. Tocqué. In-fol.

Belle épreuve, avec marges.

117. WILLE (P.-A. fils) (d'après). Le Temps perdu, gravé par Halbou.

Bonne épreuve.

LIVRES

118. Le Tableau de la Croix représenté dans les cérémonies de la sainte messe, ensemble le Trésor de la dévotion aux soufrances de N.-S. J.-C.; le tout enrichi de belles gravures. *A Paris, chez J. Mazot,* 1651. Pet. in-8, texte et figures gravés, mar. rouge, riche comp. à petits fers sur les plats, genre Le Gascon. (*Reliure ancienne.*)

119. Lettres à Émilie sur la Mythologie, par C.-A. Demoustier. *A Paris, chez Ant.-Aug. Renouard* 1809. 6 parties en 2 vol. in-8, figures de Moreau, demi-rel. v. tr. marbr.

120. Le Dictionnaire universel des Arts et des Sciences de M. D. C. (Thomas Corneille), nouvelle édition, revue et augmentée par M. *** (par de Fontenelle). *A Paris, chez P.-G. Le Mercier,* 1732. 2 vol. in-fol. mar. citr. fil. tr. dor. (*Reliure ancienne.*)

Bel exemplaire aux armes de Mme Sophie, fille de Louis XV.

121. L'Histoire d'Apollone de Tyane convaincue de fausseté et d'imposture. *A Paris, chez Pierre Giffart,* 1705. In-12, v. antiq. armoiries sur les plats.

Le privilège est au nom du sieur Clairval, pseudonyme de L.-E. Dupin.

122. De la Sagesse, trois livres, par Pierre Charron. *A Leide, chez Jean Elsevier,* 1656. In-12, frontispice gravé, v. antiq.

123. Les Travaux de Mars, ou la Fortification nouvelle, tant régulière qu'irrégulière, divisée en trois parties, par Allain Manesson-Mallet, Parisien, ingénieur. *A Paris,* 1671. 3 vol. in-8, frontispice, portrait de l'auteur et nombr. planches gravées, v. antiq.

124. Anacréon, Sapho, Bion et Moschus, traduction nouvelle suivie de la *Veillée des fêtes de Vénus* et d'un *Choix de pièces* de différents auteurs, par M*** C*** (Moutonnet-Clairfond). *A Paphos et se trouve à Paris, chez Le Boucher*, 1773. Gr. n-8, figures, v. fauve antiq. fil. tr. dor.

Bel exemplaire sur GRAND PAPIER, contenant 2 figures en frontispice par Eisen, et des vignettes et culs-de-lampe par Eisen, gravés par Massard.

125. Les Métamorphoses d'Ovide, gravées sur les desseins des meilleurs peintres français, des sieurs Le Mire et Basan, graveurs. *Paris, s. d.* In-4, bas.

Recueil de 140 estampes.

126. Le Virgile travesty en vers burlesques, de Monsieur Scarron. *A Paris, chez Guill. de Luynes*, 1653. In-4, frontispice, v. antiq.

127. La Fontaine. Figures pour les Contes. In-8, demi-rel. avec coins mar. rouge, dos orné, fil. non rogné.

Copie de l'édition de 1762, dite *des fermiers généraux*.

128. La Fontaine. Figures pour les Contes. In-8, demi-rel. avec coins mar. rouge, dos orné, fil. non rogné.

Copie de l'édition *des fermiers généraux*.

129. La Fontaine. Contes. Suite complète de 24 vignettes in-18 et 1 portrait d'après Desrais et Goujet, pour l'édition Cazin, 1780.

130. La Henriade, de M. de Voltaire. *Londres*, 1728. In-4, frontispice et 10 grandes figures et vignettes en tête de chaque chant, par de Troy et Vleughels, v. rac. dent.

C'est la première édition sous le titre de la *Henriade* (10 chants). La dédicace à la reine d'Angleterre, signée par l'auteur, est en anglais.

131. L'Art d'aimer, poème en trois chants, et Poésies diverses, de M. Bernard. *S. l. n. d.* In-8, ti-

tre, frontispice et 3 figures par Martini, gravées par Baquoy, v. antiq. marbr.

A la suite du même ouvrage : *Phrosine et Mélidore*, poème, 4 figures par Eisen.

132. OEuvres de M. Vadé, ou Recueil d'opéras comiques et parodies avec les airs, rondes et vaudevilles notés, etc. *A Paris, chez Duchesne*, 1755. 2 vol. in-8, v. antiq.

Vignettes d'Eisen pour la *Pipe cassée*.

133. OEuvres poissardes de J.-J. Vadé, suivies de celles de l'Ecluse. *A Paris, chez Defer de Maisonneuve, de l'impr. de Didot le Jeune, l'an IV*. In-4, figures, v. rac. dent. tr. dor.

Bel exemplaire en papier vélin, orné d'estampes imprimées en couleur d'après les dessins de Monsiau.

134. Les Sens, poème en six chants (par du Rosoy). *A Londres*, 1766. In-8, figures et vignettes par Eisen et de Wille Br.

Exemplaire rogné et mouillé.

135. Les Bijoux des neuf sœurs. *A Paris, chez Defer de Maisonneuve*, 1790. 2 vol. in-18, figures, cart. non rognés.

Recueil de poésies diverses de Voltaire, Piron, Chaulieu, Gresset, Boufflers, etc., réunies par l'abbé Franç. Bancarel.
Exemplaire orné de 2 frontispices et 4 jolies figures de Le Barbier, gravées par Gaucher. ÉPREUVES AVANT LA LETTRE.

136. Mort d'Abel, poème de Gessner, traduit par Hubert. *A Paris, chez Defer de Maisonneuve*, 1793. In-4, portrait, front. et figures, mar. rouge, dos orné, large dent. sur les plats, doublé de tabis bleu, tr. dor.

Bel exemplaire en papier vélin, orné d'estampes imprimées en couleur d'après les dessins de Monsiau.

137. Les A-propos de société, ou Chansons de M. L*** (Laujon). *S. l.* (Paris), 1776. 2 vol. in-8, frontispice, titre et vignettes de Moreau le jeune. — Les A-propos de la Folie, ou Chansons grotesques, grivoises et annonces de parade (par le même). *S. l.* (Paris), 1776. 1 vol. in-8, figure, vi-

gnette et cul-de-lampe de Moreau le jeune. Ens. 3 vol. in-8, cart. en percal. non rognés.

138. Chansons, par M. P.-J. de Béranger. *Genève, chez Manget et Cherbuliez,* 1822. 2 vol. in-12, brochés.

139. OEuvres complètes de P.-J. de Béranger, nouvelle édition revue par l'auteur, illustrée de 52 belles gravures sur acier d'après les dessins de MM. Charlet, A. Lemud, Johannot, Daubigny, Pauquet, Raffet, etc. *Paris, Perrotin,* 1847. 2 vol. in-8, gravures sur acier, demi-rel. chagr. vert.

140. A. de Lamartine. OEuvres diverses. *Paris, Michel Lévy,* 1849-1851. 6 vol. in-8, br.

Geneviève. — Raphaël. — Le Tailleur de pierres de Saint-Point. — Toussaint Louverture. — Les Confidences et Nouvelles Confidences, 2 vol.

141. Le Théâtre des Grecs, par le R. P. Brumoy, de la Compagnie de Jésus. *Paris,* 1730. 3 vol. in-4, frontispice gravé, v. gran.

Bel exemplaire aux armes de VINTIMILLE DU LUC, archevêque d'Aix, puis archevêque de Paris.

142. OEUVRES DE RACINE. *A Paris, chez Claude Barbin, au Palais, sur le perron de la Sainte-Chapelle,* 1676. 2 vol. in-12, frontispices et figures gravées par Chauveau et Séb. Le Clerc, d'après Ch. Lebrun, en tête de chaque pièce. — Esther, tragédie tirée de l'Ecriture sainte. *A Paris, chez Denys Thierry,* 1689, figure. — Athalie, tragédie. *A Paris, chez Denys Thierry,* 1692. Figure. 2 pièces en 1 vol. in-12. Ens. 3 vol. in-12, mar. rouge jans. doublé de mar. bleu, avec large dent. tr. dor. (*Reliure de Cuzin, dorure de Maillard.*)

Première édition collective des pièces de Racine. Hauteur : 157 millimètres.

143. Esther, tragédie tirée de l'Écriture sainte. *Sur*

l'imprimé à Paris, chez Denys Thierry, 1689. In-12 de XII-57 pages, dérelié.

Exemplaire court de marges et fortement mouillé.

144. OEuvres de Molière, avec des remarques grammaticales, des avertissements et des observations sur chaque pièce par M. Bret. *Paris,* 1788. 6 vol. in-8, portrait de Molière par Mignard et figures de Moreau le jeune, v. gran. fil. tr. dor.

145. Les OEuvres de M. Regnard. *A Paris, chez Pierre Ribou,* 1714. 2 vol. in-12, frontispices et figures, v. antiq. fil.

146. OEuvres complètes de Regnard, avec des avertissements et des remarques sur chaque pièce par M. G*** (Garnier). *De l'imprimerie de Monsieur, à Paris, chez la veuve Duchesne et fils,* 1790. 6 vol. in-8, portraits et figures, v. gran. fil. tr. dor.

Bel exemplaire orné de figures de Moreau le jeune.

147. Le Barbier de Séville, ou la Précaution inutile, précédée d'une lettre sur la chute et la critique de cette pièce. *S. l.,* 1780. In-8, portrait de Beaumarchais ajouté, cart.

148. Les Amours pastorales de Daphnis et de Chloé, traduites du grec de Longus par J. Amyot. *A Paris, chez Ant.-Aug. Renouard,* 1803. In-12, figure, mar. rouge, tr. dor.

Exemplaire en papier vélin, orné d'une gravure, frontispice de Prud'hon, *épreuve avant la lettre.* Le portrait d'Amyot se trouve sur le titre gravé en médaillon par Saint-Aubin.

149. La Satyre de Pétronne, traduite en françois avec le texte latin. *A Cologne, chez Pierre Groth,* 1694. 2 vol. in-12, frontispices et figures, mar. rouge antiq.

150. L'Utopie, de Thomas Morus, traduite en français par M. Gueudeville. *Amsterdam,* 1717. In-12, front. et figures gravées, v. antiq.

151. OEuvres de RABELAIS, édition variorum, augmentée de pièces inédites, des Songes drolatiques de Pantagruel, ouvrage posthume avec l'explication en regard ; des remarques de Le Duchat, de Bernis, de Le Motteux, de l'abbé de Marsy, de Voltaire, de Ginguené, etc., et d'un nouveau commentaire historique et philologique, par Esmangart et Eloi Joanneau. *Paris, Dalibon (de l'imprimerie de Jules Didot l'aîné)*, 1823. 9 vol. gr. in-8, portrait et nombr. figures, demi-rel. avec coins mar. viol. tête dor. non rognés. (*Kœhler.*)

Bel exemplaire sur GRAND PAPIER DE CHINE FORT, le seul qui ait été tiré sur ce papier. Les figures, de Devéria, sont en trois états différents : papier blanc *avant la lettre;* papier de Chine, aussi *avant la lettre,* et *eaux-fortes.*

On a joint à cet exemplaire un album, demi-rel. avec coins, v. bleu, fil. par Raparlier, in-4, contenant : *la suite complète* des 13 DESSINS ORIGINAUX à la sépia de Devéria, y compris le portrait de Rabelais; plus les 12 *eaux-fortes sur papier de Chine* et les 12 figures *avant la lettre,* aussi sur *papier de Chine;* 14 vignettes sur bois et portrait par Desenne, de l'édition de Desoer, *épreuves sur chine;* un portrait de Rabelais gravé par Tanjé dans l'édition de Le Duchat publiée en 1741, épreuve *avant la lettre* excessivement rare; un portrait de Rabelais par Montcornet, et une curieuse estampe gravée par P. Chenu, représentant François Ier en costume de Romain, avec les divers attributs de Mercure et de Mars.

152. Recueil général des œuvres et fantaisies de Tabarin. *A Paris, chez Anth. de Sommaville,* 1625. 2 parties en 1 vol. in-12, parch.

153. Les Incas, ou la Destruction de l'empire du Pérou, par M. Marmontel. *A Paris, chez Lacombe,* 1777. 2 vol. gr. in-8, figures, demi-rel. bas. non rognés.

Exemplaire en GRAND PAPIER, orné de 10 jolies gravures de Moreau le jeune.

154. Émile, ou de l'Éducation, par J.-J. Rousseau. *A La Haye, chez Jean Neaulme,* 1762. 4 vol. in-8, figures d'Eisen, v. antiq. marbr. fi.

ÉDITION ORIGINALE.

155. OEuvres complètes de Mme COTTIN, publiées pour la première fois en un seul corps d'ou-

vrage, avec une notice sur la vie et les écrits de l'auteur (par Petitot). *De l'impr. de Lebel, à Versailles, Paris, Foucault,* 1817. 5 vol. in-8, portrait et figures, mar. r. fil. doublé de tabis bleu, avec gardes et fil. tr. dor. (*Bauzonnet.*)

Très bel exemplaire sur papier vélin. On y a joint VINGT ET UN DESSINS ORIGINAUX à la sépia, de Devéria, et les figures de Picou *avant la lettre*, plus une lithographie rare d'Horace Vernet pour *Mathilde.* Le portrait de Mme Cottin est avant la lettre.

156. Xavier de Maistre. Voyage autour de ma chambre. *A Turin,* 1794. — Le Lépreux de la cité d'Aoste. *Genève,* 1817. Ens. 2 vol. in-12, brochés.

Première édition.

157. Verther (par Goëthe), traduit de l'allemand. *A Maestricht,* 1776. 2 parties en 1 vol in-12, fleurons sur les titres gravés par D. Chodowiecki, demi-rel. bas.

158. Lettres de Madame la marquise de Pompadour. *A Londres,* 1772. 2 parties en 1 vol. petit in-8, cart. non rogné.

Sur le titre de la première partie se trouve un joli portrait de la marquise de Pompadour, gravé en médaillon.

---

159. Sacre et couronnement de Louis XVI, roi de France et de Navarre, à Rheims, le 11 juin 1775 (par l'abbé Pichon), précédés de recherches sur la sacre des rois de France (par Gobet), enrichis d'un très grand nombre de figures en taille-douce gravées par le sieur Patas, avec leurs explications. *A Paris, chez Vente et chez Patas,* 1775. In-4, titre, front. et figures et vignettes gravés, v. rac. dent.

Édition recherchée pour la beauté des épreuves. Elles sont très supérieures à celles de l'édition in-8. Les figures ont toutes des encadrements.

---

160. Métamorphoses d'Ovide, en latin et en fran-

çais, par Du Ryer. *Bruxelles, Foppens*. In-fol.
figures.

161. OEuvres de Regnard. *Paris*, 1790. 4 vol.
in-8, veau, *figures de Borel, avant la lettre*.

162. Histoire des rois de France jusqu'à Louis XV,
par Defer. *Paris*, 1722. In-4, figures, veau.

163. Précis historique de la Révolution française,
par Rabaut. Petit in-12, veau.

Figures de Moreau avant la lettre.

SUPPLÉMENT

164. Office de la quinzaine de Pasques. *Paris*, 1756.
In-8, maroquin rouge, tr. dor. (*Aux armes d'Or-
léans*.)

165. Histoire des peintres de toutes les écoles, par
Ch. Blanc. *Paris, Renouard*. 9 vol. in-4, figures,
demi-reliure et le reste en livraisons.

166. L'Imitation de Jésus-Christ, traduite et para-
phrasée en vers françois par P. Corneille. *Imprimée à Rouen par L. Maurry pour Robert Ballard,
libraire à Paris*, 1656. In-4, front. gravé et fig.
mar. grenat jans. dent. int. tr. dorée. (*Allô.*)

Édition originale des quatre livres réunis, ornée des figures de Chauveau.

167. Maximes et Réflexions morales du duc de La
Rochefoucauld. *A Parme, de l'imprimerie de Bo-
doni*, 1812. Gr. in-8, pap. vél. portr. mar. vert,
dos orné, large dent. à petits fers, dent. int. tr.
dorée. (*Capé.*)

Très bel exemplaire, auquel on a ajouté 3 beaux portraits de La Rochefoucauld, d'après Petitot. Le premier, gravé d'après Choffard, belle épreuve
avec noms à la pointe (rare); le second, gravé par Bertonnier, épreuve sur
chine avant la lettre ; le troisième, gravé par Gaucher avant la
lettre. Ce dernier a été remonté.

168. OEuvres de P. Corneille, nouvelle édition, revue sur les plus anciennes impressions et les autographes et augmentée de morceaux inédits, des variantes, de notices, de notes, d'un lexique des mots et locutions remarquables, d'un fac-simile, etc., par M. Ch. Marty-Laveaux. *Paris, L. Hachette*, 1862. 12 vol. gr. in-8, portraits et figures, mar. grenat, dos orné, filets à comp. sur les plats, dent. int. tr. dor. (*Allô, dorure de Wampflug.*)

Exemplaire en GRAND PAPIER VÉLIN.
On y a ajouté :

13 PORTRAITS DE CORNEILLE.

SEPT SUITES DE FIGURES POUR LES OEUVRES : la première : de J.-M. Moreau le jeune, publiée en 1817, *sur papier blanc avec la lettre.* — La seconde : du même, *sur papier de Chine avec la lettre.* — La troisième : du même, *sur papier blanc avant la lettre.* — La quatrième : dessinée par Gravelot et gravée par Baquoy, Flippart, Le Mire, de Longueil, Prevost et Radigues, épreuves sans le cadre, parues en 1764. — La cinquième : par le même, épreuves encadrées (suite publiée en 1774.) — La sixième : d'après les peintures du comédien Geoffroy, *épreuves sur papier de Chine* (suite moderne). — La septième : par le même, *épreuves en couleur.*

14 FIGURES SÉPARÉES. Au tome Ier : le portrait de Malherbe, gravé par Dequevauviller d'après Du Moustier (*épreuve sur chine*) — Au tome II : une planche, gravée par Baquoy d'après Ch. Eisen ; un portrait colorié du siècle dernier, représentant Mlle Raucourt dans le rôle de Médée ; un portrait peint du capitan Matamore ; un portrait du même, lithographié par Delpech. — Au tome III : deux portraits de Montaigne, l'un gravé par Saint-Aubin et l'autre publié par Blaisot. — Au tome IV : un portrait du Grand Condé, dessiné et gravé par Saint-Aubin (*épreuve avec lettre noire*). — Au tome V : un portrait de Montaigne, gravé sur acier par Hopwood (*épreuve sur chine*). — Au tome VI : le portrait d'Homère, gravé par Caron et publié par le libraire Blaise. — Au tome X : le portrait de Louis XIV, dessiné et gravé par Saint-Aubin (*épreuve sur chine*) ; les portraits de Turenne, Richelieu et Colbert, gravés par Saint-Aubin.

En tout : 13 portraits de Corneille, 160 gravures et 14 portraits divers. Soit : 187 pièces.

169. Traité des tournois, joustes, carrousels et autres spectacles publics (par le P. C.-Fr. Ménestrier). *A Lyon, chez Michel Mayer*, 1674. In-4, fig. mar. La Vall. fil. à fr. dent. int. tr. dorée. (*Duru.*)

En tête de chaque chapitre de ce livre intéressant se trouve une figure gravée à l'eau-forte.
Bel exemplaire de SOLAR.

ADOLPHE LABITTE

LIBRAIRE DE LA BIBLIOTHÈQUE NATIONALE

4, rue de Lille, Paris.

Beaufort. Dissertation sur l'incertitude des cinq premiers siècles de l'histoire romaine. In-8.... 3 fr.

Blancandin et l'Orguailleuse d'amour, roman d'aventures. In-8.
  Papier vergé........... 12 fr.
  Papier de Hollande....... 20 fr.

Catalogue de J.-C. Brunet. 3 parties in-8. Chaque partie...... 2 fr. 50

— Cigongne. In-8. *Papier de Hollande* .... 8 fr.

— des romans de chevalerie du prince d'Essling. In-8 gothique.... 2 fr.

— illustré de la Bibliothèque Ambroise Firmin-Didot. — Ventes de 1878 et 1879. 2 vol. in-4. Chaque volume.................. 40 fr.

Choix de peintures de Pompéi, par Raoul-Rochette. In-fol., planches en couleur; en livraisons. 150 fr.

— En demi-rel. mar. r. 170 fr.

Ciceronis opera, ed. Orellius, 8 tom. en 10 forts volumes in-8... 60 fr.

Clef d'amour (la). Poème. In-8, fac-sim................. 12 fr.

Collection de poésies, romans, chroniques, etc., publiée par *Silvestre.* 25 vol. in-16, *caract. gothiques, fig. sur bois.*............. 120 fr.

Danse des noces (la), par Hans Scheüfelein, reproduite par J. Schratt. In-fol. cart. toile. *Papier teinté*................. 20 fr.

Desbarreaux-Bernard (le Dr). Catalogue des Incunables de la Bibliothèque de Toulouse. In-8, pl. 25 fr.

Deschamps. Essai bibliographique sur M.-T. Cicéron. In-8.... 4 fr.

Du Bellay (J.). La Deffence et illustration de la langue françoyse. In-8................. 2 fr.

Duplessis. Bibliographie parémiologique. In-8.......... 10 fr.

Dussieux (L.). Les Artistes français à l'étranger. 3e édit. In-8, br. 6 fr.

Garcin de Tassy. Histoire de la littérature hindouie et hindoustanie, deuxième édition, très-augmentée. 3 vol. in-8............... 36 fr.

— Mémoire sur les particularités de la religion musulmane dans l'Inde (2e édition). In-8 .... 2 fr. 50

Girart de Rossillon. Le Roman en vers, publié par Mignard. In-8.
  Papier vélin........... 15 fr.
  Papier de Hollande ... 20 fr.

Gravures sur bois tirées des livres français du xve siècle. In-4, 75 pl. dans un carton........... 20 fr.

Guérard. Polyptyque de l'abbaye de Saint-Remi de Reims. In-4. 6 fr.

Harrisse. Notes pour servir à l'histoire, à la bibliographie et à la cartographie de la nouvelle France. In-8. *Grand papier de Holl.* 20 fr.

Horace. Odes traduites en vers avec le texte en regard, par Vanderbourg. 3 vol. in-8......... 5 fr

— Odes, en vers, par Melchior Potier. In-12 .... 3 fr. 50

Labé (Louise). Œuvres. In-8. *Papier vélin Whatman.*....... 20 fr.
  Édition imprimée en caractères dits de civilité.

Labitte (Charles). Études littéraires. 2 vol. in-8.............. 7 fr.

— De la Démocratie chez les prédicateurs de la Ligue. In-8, br. 4 fr.

Laborde (Léon de). Débuts de l'imprimerie à Strasbourg. In-8, 3 planches .... 6 fr.

— Le Parthénon. In-fol., fig. Six livraisons, seules publiées. 100 fr.

— Recherches sur la Magie égyptienne. In-4............ 7 fr.

Tables des prix de vente et des noms d'auteurs des bibliothèques : BRUNET, POTIER, J. PICHON, RUGGIERI, Émile GAUTIER, LEBEUF DE MONTGERMONT, TURNER et AMBROISE FIRMIN-DIDOT. In-8, chaque .... 2 fr. 50

ŒUVRE DE MOREAU LE JEUNE

CATALOGUE DESCRIPTIF ET RAISONNÉ

Par Marie-Joseph-François MAHÉRAULT

ANCIEN CONSEILLER D'ÉTAT

PREMIÈRE PARTIE

PIÈCES GRAVÉES PAR MOREAU D'APRÈS DIVERS ARTISTES OU D'APRÈS SES COMPOSITIONS, SOIT ENTIÈREMENT, SOIT A L'EAU-FORTE SEULEMENT, ET TERMINÉES PAR D'AUTRES

1re *Section.* Gravures de Moreau d'après ses compositions :
    1º Ouvrages illustrés. Livres dits à figures ;
    2º Portraits ;
    3º Armoiries, adresses, billets de bal et de concerts, cartes d'entrées, écrans, encadrements de portraits, têtes de lettres, titres de livres, *ex libris.*
    4º Pièces isolées.
2e *Section.* Gravures de Moreau d'après divers artistes.
3e *Section.* Pièces dont il n'a pas été possible de reconnaître si elles ont été gravées à l'eau-forte par Moreau, ou seulement dessinées par Moreau et gravées par d'autres artistes.

DEUXIÈME PARTIE

PIÈCES GRAVÉES D'APRÈS LES DESSINS DE MOREAU PAR DIVERS GRAVEURS

1re *Section.* Gravures pour l'ornement des livres. Illustrations.
2e *Section.* Portraits.
3e *Section.* Adresses, armoiries, billets de bal, de concerts, de spectacles, cartes de fonctionnaires, cartouches, écrans, encadrements, têtes de lettres, titres de livres.
4e *Section.* Pièces isolées.
5e *Section.* Recueils de gravures. Ouvrages dits à figures.
6e *Section.* Gravures sans titres et vignettes sans destination connue.

SUPPLÉMENT

DESSINS GRAVÉS OU INÉDITS.

1 beau volume grand in-8. *Papier de Hollande.* . . . . . 20 fr.
    — *Papier Whatman,* tiré à 50 exemplaires. . 40 fr.

On souscrit d'avance à cet ouvrage, qui sera rapidement épuisé.

Paris. — Typographie G. Chamerot, rue des Saints-Pères, 19. — 8827.

www.ingramcontent.com/pod-product-compliance
Ingram Content Group UK Ltd.
Pitfield, Milton Keynes, MK11 3LW, UK
UKHW021039120726
13693UKWH00005B/2339